CON GRIN SUS CONOCIMIENTOS VALEN MAS

Bibliographic information published by the German National Library:

The German National Library lists this publication in the National Bibliography; detailed bibliographic data are available on the Internet at http://dnb.dnb.de .

Imprint:

Copyright © 2018 GRIN Verlag
Print and binding: Books on Demand GmbH, Norderstedt Germany
ISBN: 9783668664890

This book at GRIN:

https://www.grin.com/document/417207

José Raúl Pérez Martínez

La motherboard, soporte vital de nuestros sistemas automatizados. Consejos para el diagnóstico y mantenimiento

GRIN Verlag

GRIN - Your knowledge has value

Since its foundation in 1998, GRIN has specialized in publishing academic texts by students, college teachers and other academics as e-book and printed book. The website www.grin.com is an ideal platform for presenting term papers, final papers, scientific essays, dissertations and specialist books.

Visit us on the internet:

http://www.grin.com/

http://www.facebook.com/grincom

http://www.twitter.com/grin_com

Index

Título: La motherboard, soporte vital de nuestros sistemas automatizados.
Consejos para el diagnóstico y mantenimiento

Title: The motherboard, vital support of our automated systems. Advices for
diagnosis and maintenance

Autor: José Raúl Pérez Martínez

Nota del autor: Las Imágenes que encontrará en este ensayo académico disponen de licencia Creative Commons 0 (CC0) y han sido obtenidas en http://Pixabay.com. Las referencias bibliográficas presentes en esta obra se encuentran acotadas según Normas Vancouver.

Author's note: The images that you will find in this academic essay have Creative Commons license 0 (CC0) and have been obtained in http://Pixabay.com. The bibliographical references present in this work are limited according to Vancouver Norms.

RESUMEN:

El presente ensayo académico aborda el tema de la Motherboard como circuito impreso de gran complejidad, altamente integrado, que incorpora sobre sí mismo y comunica entre sí a un amplio conjunto de otras piezas y componentes. En este trabajo se aborda, desde el punto de vista conceptual, la naturaleza e importancia de este ingenio tecnológico y se hace énfasis en algunos de los más comunes problemas asociados a su funcionamiento, estabilidad y rendimiento, proveyendo de un conjunto de instrucciones paso a paso que harán posible enfrentar tales dificultades. Este trabajo dirige una mirada a los estados de fallo general, así como aquellas situaciones en las que es posible reemplazar un elemento presente en esta placa o la totalidad de la tarjeta, a pesar de que esta última opción es la más costosa, tanto en términos de las complejidades inherentes a tal reemplazo como al costo involucrado en su sustitución. Se discuten además aquellos estados de funcionamiento en los que resulta aconsejable actualizar el código del BIOS; igualmente presente en la tarjeta madre, así como los problemas de conexión, falsos contactos, corto-circuitos, actualización sistemática de drivers, la disipación de calor que requiere el sistema y muchos otros elementos cuyas manifestaciones a menudo hacen pensar en una avería irreparable y que tanto preocupan a usuarios y a técnicos de hardware.

Palabras clave: computadora, ordenador, board, motherboard, placa madre, placa base, tarjeta madre, BIOS, CMOS, controladores de sistema.

ABSTRACT:

The present academic essay deals with the theme of the Motherboard as a greatly complex printed circuit, highly integrated, that incorporates on itself and communicates among themselves a wide range of other parts and components. In this research, the nature and importance of this technological engineering piece is approached from the conceptual point of view and emphasis is placed on some of the most common problems associated with its operation, stability and performance, providing a set of instructions step by step that will make it possible to face such difficulties. This essay directs a look at the general failure states, as well as those situations in which it is possible to replace an element present on this board or the whole item, even though this last option is the most expensive, both in terms of the complexities inherent to such replacement as to the cost involved in replacing the component. We also discuss those operating states in which it is advisable to update the BIOS code; also present in the motherboard, as well as the problems of connection, false contacts, short-circuits, systematic updating of drivers, the dissipation of heat required by the system and many other elements whose manifestations often make us think of an irreparable fault and that so much worries users and hardware technicians.

Keywords: computer, board, motherboard, BIOS, CMOS, system drivers.

INTRODUCCIÓN:

Aún es muy temprano en la mañana y el usuario toma su lugar frente al ordenador de escritorio. Como todos los días, en sus manos está la tasa de café matutina. Con mirada entre soñolienta y aburrida observa como su viejo computador realiza las rutinas de inicialización, todo parece indicar que un nuevo y apacible día de trabajo está comenzando. Pero en la computadora están acaeciendo sucesos que rompen con lo habitual; el usuario comienza a leer textos de advertencia que nunca antes habían aparecido, la máquina interrumpe abruptamente su rutina de encendido y se reinicia de manera inesperada, este suceso se repite en varias ocasiones sin que pueda inicializar normalmente el sistema operativo.

El usuario llama al departamento técnico de su empresa mientras, entre preocupado y curioso, se pregunta qué pudo haber hecho mal, si será él el causante de esta falla técnica, le parece mentira que el día anterior la computadora iniciara su funcionamiento de manera muy normal y que en el día de hoy el escenario resultara tan diferente y adverso.

Por su parte, los técnicos de mantenimiento comienzan a leer con cuidado los mensajes de error que está comunicando el sistema. Conscientes de que uno de los componentes más importantes, costosos y de difícil reemplazo presentes en el sistema lo constituye la Motherboard o Tarjeta madre, le ofrecen a esta una atención especial y pormenorizada; la hacen objeto de una cuidadosa limpieza, sus elementos constitutivos son revisados, se miden los voltajes procedentes de la fuente y se presta atención a la instrucciones de sonido; todo un proceso de diagnóstico ha echado a andar.

La Motherboard, también conocida como Board, Placa Madre, Tarjeta Madre o Placa base, es un circuito impreso de alta complejidad al que están sujetos otros componentes de extrema importancia para el correcto desempeño de cualquier computadora, estos componentes pueden estar soldados directamente a dicha placa o sujetos a esta por medio de slots, sockets u otros elementos portadores. La Motherboard constituye un área hacia la cual convergen prácticamente todos los elementos que de una forma u otra se encuentran integrados al ordenador como parte de su sistema, precisamente es la Board esa "plataforma de soporte vital" que hace posible la comunicación de las partes que conforman el todo al que llamamos computadora u ordenador.

El mantenimiento y conservación de una Motherboard es reconocido por todos los expertos como un elemento clave para poder disponer de sistemas automatizados estables, en óptimo funcionamiento y capaces de ofrecer el rendimiento que de ellos se espera.

Con la finalidad de determinar si los problemas que presenta una computadora están o no relacionados con su motherboard, se debe dirigir la atención hacia algunos de los más comunes problemas asociados con este importante artilugio tecnológico. Para cada uno de estos problemas o trastornos, el presente ensayo académico proveerá de un conjunto de instrucciones paso a paso que hará posible enfrentar tales dificultades.

Este trabajo dirige una mirada a los estados de fallo general, ya que estos pueden estar relacionados con la salud de la motherboard, de igual modo se discutirán aquellas situaciones en las que es posible reemplazar un elemento presente en esta placa o la totalidad de la tarjeta, a pesar de que esta última opción es la más costosa, tanto en términos de las complejidades inherentes a tal reemplazo como al costo involucrado en su sustitución.

Se discutirán además aquellos estados de funcionamiento en los que resulta aconsejable actualizar el código del BIOS; igualmente presente en la tarjeta madre, así como los problemas de conexión, falsos contactos, corto-circuitos, actualización sistemática de sus drivers, la disipación de calor que requiere el sistema y muchos otros elementos cuyas manifestaciones a menudo hacen pensar en una avería irreparable y que tanto preocupan a usuarios y a técnicos de hardware.

DESARROLLO:

La Motherboard como "sistema básico de soporte vital" de todo un sistema automatizado

El CPU (Central Processing unit, por sus siglas en Inglés) o unidad central de procesamiento [1], es a menudo calificada como el cerebro de la computadora. Esta es una analogía bastante atinada, toda vez que por así decirlo: es éste el componente encargado de "pensar" o procesar la mayoría de los datos que deberá manejar la computadora.

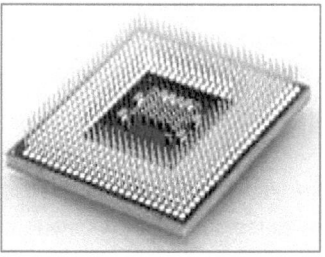

Nuestros cuerpos, sin embargo, necesitan más que un cerebro para funcionar, nuestro organismo humano está dotado de todo un sistema de soporte vital que le permite al cerebro y a otros órganos llevar a cabo sus funciones con la más absoluta normalidad. Cuando algún órgano o sistema de órganos comienza a funcionar de manera inadecuada, las alteraciones propias de esta disfunción pueden alterar incluso la capacidad del cerebro para funcionar de manera normal y estable.

En el caso de una computadora personal o PC (Personal Computer), uno solo de sus elementos constitutivos provee buena parte de ese soporte que tanto necesita su microprocesador o CPU: este es el caso de la Motherboard, la cual también es denominada Mainboard o, en español: placa central, placa madre o tarjeta madre. [2]

La motherboard (o simplemente board) es un componente altamente integrado que incorpora sobre sí mismo a un amplio conjunto de otras piezas y elementos, tales como: el chipset del sistema, el sistema básico de entrada/salida (basic input/output system o BIOS, por sus siglas en inglés) y a varios controladores de interface. [2][3]

Cada componente o periférico empleado por una computadora personal cualquiera, incluyendo al CPU y al mouse o ratón, está conectado de una u otra forma a la motherboard. Como resultado de este hecho, muchos de los problemas que tienen lugar en áreas diversas de la arquitectura interna de la PC, pueden deberse a disfunciones de la propia tarjeta central o de sus componentes. Tornase entonces muy difícil deslindar dónde se encuentra el problema, es decir; aislar el componente responsable de la inestabilidad de todo un sistema automatizado, de sus bloqueos constantes o de su pérdida de rendimiento.

Con la finalidad de determinar si los problemas que presenta una computadora están o no relacionados con su motherboard, se debe dirigir la atención hacia algunos de los más comunes problemas asociados con este importante artilugio tecnológico.

Para cada uno de estos problemas o trastornos, el presente ensayo académico proveerá de un conjunto de instrucciones paso a paso que hará posible enfrentar estas dificultades.

Este trabajo dirige una mirada a los estados de fallo general, ya que estos pueden estar relacionados con la motherboard, de igual modo se discutirán aquellas situaciones en las que es posible reemplazar un elemento presente en la motherboard o la totalidad de la tarjeta, a pesar de que esta última opción es la más costosa, tanto en términos de las complejidades inherentes a tal reemplazo como al costo involucrado en su sustitución.

Se discutirán además aquellos estados de funcionamiento en los que resulta aconsejable actualizar el código del BIOS; igualmente presente en la tarjeta madre. Ha de tenerse en cuenta que el BIOS es un segmento especial de software cuyas rutinas controlan el proceso de inicialización de la computadora, así como otras de sus funciones básicas, tales como el reconocimiento del teclado, monitor y discos duros. [3]

En lo que respecta al BIOS, y a efectos de dejar bien claro a qué se hace alusión en el presente artículo, baste declarar que según ALEGSA: se trata de un *"...programa que reside en la memoria EPROM...". "Es un programa tipo firmware". "La BIOS es una parte esencial del hardware que es totalmente configurable y es donde se controlan los procesos del flujo de información en el bus del ordenador, entre el sistema operativo y los demás periféricos. También incluye la configuración de aspectos importantísimos de la máquina."* [3]

Desarreglos o desajustes en el funcionamiento de las Motherboards

Las motherboards son generalmente confiables, pero existen situaciones en las que pueden fallar. El principal problema que se enfrenta durante el proceso de diagnóstico de este componente radica en su propia naturaleza: ya que esta tarjeta está conectada a tan diversa variedad de otros componentes que se dificulta aislar la verdadera fuente o

procedencia del problema, incluso cuando es la propia board quien está presentando desajustes o disfunciones.

No son pocos los casos en los que se dificulta determinar el papel que la motherboard desempeña en la mal función de todo el sistema. Algunos indicios que hacen pensar en esta dirección incluyen la incapacidad de inicialización del sistema, su inestabilidad (reinicios espontáneos y bloqueos), la incapacidad de configurar componentes de sistema o tarjetas de expansión que funcionan establemente en otros ambientes y la aparición repentina de estrafalarios errores de sistema, entre otros síntomas.

Ha de tenerse en cuenta que la mayoría de los problemas que aparentan proceder de la motherboard en realidad son causados por otros elementos estrechamente relacionados a esta tarjeta, como es el caso de valores corruptos contenidos en el BIOS [4], así como conflictos de hardware generados por tarjetas de expansión y diversos puertos. El fallo de una motherboard en un sistema que se han mantenido funcionando establemente por un tiempo es un evento raro y poco usual, al menos esa es la opinión del autor del presente ensayo académico, opinión que se deriva de su vasta experiencia.

Este tipo de problemas es más común en sistemas nuevos o en uno al cual se le ha aplicado una mejora o actualización ("upgrade") de motherboard o de otros elementos constituyentes de la configuración general de la PC.

El diagnóstico de una motherboard es un proceso lento y minucioso que puede consumir mucho tiempo y esfuerzo, con este propósito es recomendable seguir el curso de acción siguiente.

➢ Deshaga aquellos cambios que no originaron resultados positivos: Si el sistema se mantuvo funcionando hasta el momento en que se le aplicó algún cambio de hardware, es casi seguro que dicho cambio esté involucrado en el problema. Resulta aconsejable deshacer esta modificación, devolviendo así al sistema a su estado anterior o inicial y revisar si esta operación devuelve al sistema su operatividad y estabilidad perdidas. De ser así, el nuevo hardware pudiera estar inadecuadamente configurado, defectuoso, necesitando una nueva reinserción en el sistema (que incluya la limpieza de sus contactos y del lugar donde será fijado, así como una nueva colocación en su slot o socket de destino) o puede haber algún tipo de incompatibilidad impidiendo la incorporación de este hardware al resto del sistema, para este último caso se deben consultar los manuales de los respectivos fabricantes; tanto del componente en sí como de la motherboard receptora.

➢ Compruebe las conexiones: Pudiera suceder que, tratando de identificar un componente responsable de la inestabilidad de todo un sistema, se pasen por alto algunos detalles que a simple vista no transparentan importancia, ni hacen sospechar la aparición de efectos negativos no derivados de una verdadera avería, en otras palabras:

- Chequee el estado de todos los cables y conectores que se encuentran anclados a la motherboard, especialmente si se trata de un sistema recién ensamblado o actualizado. Trate de localizar cualquier cable que esté suelto o incorrectamente conectado,  ya sea ocupando una posición equivocada o en posición inversa a la establecida. Revise la cablería cuidadosamente, descartando todas las fuentes posibles de error en este ámbito. Tenga en cuenta suponer de antemano que un cable está bien colocado sin siquiera revisarlo puede implicar que se pase por alto la verdadera fuente del problema.

- Revise los componentes instalados: la instalación inadecuada de cualquier elemento de hardware en los slots disponibles de la motherboard puede ocasionar aparentes fallos de board, incluso cuando el tornillo que debería  sujetar a una tarjeta de expansión se encuentra ausente, ese sólo elemento puede conspirar en contra de la adecuada sujeción de dicha tarjeta y toda la "culpa" puede estarla recibiendo la board. Los culpables más comunes de trastornos como los aquí descritos son: Los CPU mal insertados, las tarjetas de memoria que pueden haber quedado sueltas o mal acopladas, las tarjetas de expansión que no fueron colocadas con la firmeza suficientes, entre otros. [5]

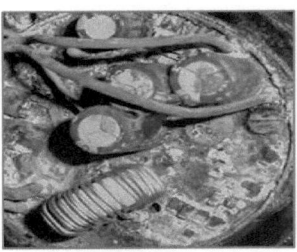

-   Descarte la presencia de corto-circuitos: Asegúrese de que no hay ningún objeto residual extraño en capacidad de conducir energía eléctrica o pieza metálica en contacto con la motherboard; ésta debe quedar fija a la carcasa o chasis del equipo por medio de tornillos colocados en espacios que se destinan a estos propósitos, pero si el metal del chasis entra en contacto con la parte posterior de la motherboard en algún punto, se originarán problemas derivados de este contacto. Los tornillos sueltos, objetos metálicos extraños u otros elementos conductores de la energía eléctrica pueden ser causantes de situaciones similares. Algunos dueños de microcomputadoras encuentran increíble que cosas así sucedan, pero la práctica demuestra que hasta el más "*inofensivo*" residuo metálico presente en el interior de una máquina energizada, puede convertirse en fuente de mal funciones inesperadas y difíciles de diagnosticar. [6]

➢   Chequee el enfriamiento: si el sistema no está disipando adecuadamente el calor que genera durante su funcionamiento, presentará estados de sobrecalentamiento de algunos de sus componentes, lo cual puede conducir a que la máquina entre en un ciclo de reinicios espontáneos, así como manifestar un funcionamiento errático. [7]

Se deberá chequear, al momento de inicializar el sistema, que los fans presentes en el chasis del equipo se mantengan funcionando correctamente. Si el microprocesador o CPU dispone de un fan, habrá que asegurarse que este se mantenga girando libremente y chequear la alimentación de todos estos componentes, para que ninguno se detenga inesperadamente pues esto

comprometería la disipación de calor. Téngase en cuenta que el polvo es la causa más común para el sobrecalentamiento de los computadores ya que se acumula, bloqueando las válvulas e incapacitando los fans o ventiladores. El polvo puede actuar como aislante térmico, impidiendo que los componentes disipen el calor que generan, lo cual terminaría causando daños irreversibles a estos mismos elementos, más tarde o más temprano.

➢ Repase el estado de los componentes anclados a su board: un módulo defectuoso de memoria, un CPU que ya no funciona establemente, una tarjeta de video o cualquier otra tarjeta de expansión averiada puede provocar una mal función de su motherboard. Pruebe a sustituir estos componentes por otros similares compatibles, en cuyo desempeño pueda confiar, para ver si así logra resolver el problema.

Elimine del sistema todas aquellas tarjetas de expansión que no sean estrictamente necesarias para su funcionamiento y revise si este proceder también resuelve el problema.

En ocasiones se logra aislar el conflicto permitiendo que la motherboard funcione sola, alimentada por su fuente interna, mientras se van incorporando un componente tras otro; por ejemplo: primero el dispositivo de lectura escritura de CD/DVD, luego el disco duro y así sucesivamente, hasta dar con el componente que torna inestable el sistema o lo bloquea.

Si después de seguir estos pasos el problema aún no ha podido ser aislado, entonces el mismo puede residir precisamente en la motherboard. Vea a continuación:

Algunos problemas que comúnmente aquejan a una tarjeta madre.

- **Desactualización repentina del Reloj y fecha del sistema, pérdida de otros valores de importancia:** Uno de los componentes integrados a la motherboard es un reloj de sistema, el cual le permite a la PC mantener la fecha y hora actual, incluso cuando esta ha sido  desconectada de la red eléctrica. La motherboard dispone de una batería que sostiene los valores presentes en la configuración del BIOS, además de la fecha y la hora correcta del sistema. Con el tiempo, esta batería deja de suministrar el voltaje que se requiere para la adecuada conservación de estos parámetros, lo cual incluye que el propio reloj aquí referido funcione más lentamente. [8] En las páginas de asistencia técnica de Intel puede leerse el siguiente texto *"Cuando la computadora está enchufada, la corriente de espera de la fuente de alimentación prolonga la vida útil de la batería. El reloj es exacto en más o menos 13 minutos al año a 25 grados C con 3,3 VSB aplicado. Cuando el voltaje disminuye por debajo de un cierto nivel, la configuración del BIOS programa de configuración almacenada en la RAM del CMOS (por ejemplo, la fecha y hora) no serán exactos. Si se produce este evento, reemplace la batería con una equivalente."* [8]

Si la batería falla por completo, la fecha actual del sistema no podrá ser conservada por más tiempo y lo mismo ocurrirá con los valores que conforman la configuración actual del BIOS, esto obligará a la board a asumir los valores por defecto provistos por el fabricante, que no siempre son los más adecuados para lidiar con la composición del hardware instalado en el momento en que se produce el fallo de la batería.

El evento aquí descrito puede ser evitado con tan solo sustituir esta fuente de energía cada cierto tiempo, manteniendo en el sistema una batería con carga suficiente como para conservar todos los parámetros que necesita el sistema para funcionar establemente, es aconsejable incorporar este proceder al mantenimiento periódico del ordenador.

- Datos alterados en la composición del BIOS: ya sea por un error humano o por la mala conservación de los datos que conforman la configuración actual del BIOS, efecto derivado del insuficiente suministro de energía proveída por una batería a medio descargar; aparece la necesidad de abolir estos datos defectuosos y acceder a los valores por defecto presentes en la memoria de solo lectura del sistema, denominada CMOS (complementary metal-oxide semiconductor). La memoria CMOS tiene los elementos que conforman la configuración del programa BIOS, lo cual incluye el password del sistema, entre otros. Para que el sistema asuma nuevamente los valores por defecto atribuidos por su fabricante, se aconseja seguir los siguientes pasos:

  o Utilice el jumper para limpiar el CMOS: La mayoría de las motherboard disponen de un jumper que elimina los valores presentes en la configuración activa del BIOS, la documentación del sistema incluye instrucciones sobre cómo hacer uso de dicho jumper; por regla general es suficiente con colocar este pequeño aditamento en una posición específica de la placa madre por apenas unos segundos, para después retirarlo y reiniciar el sistema. [9]

  o Haga uso de la batería para recuperar el control de su equipo: Si la motherboard no dispusiera de un jumper, o el mecanismo antes descrito no arrojara los resultados esperados; entonces desconecte la computadora tras haber realizado un correcto apagado o shutdown y extraiga la batería del CMOS con cuidado para no dañar la base o porta-baterías que le sirve de soporte. [9]

  Deje la batería desacoplada por espacio de dos horas para permitir que cualquier energía residual procedente de los capacitores de la board sea drenada totalmente. Reemplace la batería por una nueva que aporte el voltaje adecuado, conecte su computadora a la red eléctrica y reiníciela. No pierda la oportunidad de acceder al setup del sistema para establecer una configuración que asegure el buen rendimiento y estabilidad del sistema, así como un estado correcto de fecha y hora.

- **Conflictos por concepto de hardware no soportado**: Al mundo de las PC se incorporan a diario nuevos elementos de hardware y software, con el transcurrir de los meses puede apreciarse como los nuevos discos duros que son presentados en el mercado revelan su marcada tendencia a ser cada vez de mayor capacidad y cada vez más rápidos, de igual forma que se presentan nuevos sistemas operativos e interfaces gráficas diferentes. Por su parte, el BIOS contiene código especial de bajo nivel el cual debe ser actualizado para que sea capaz de soportar al más nuevo y avanzado hardware.

Si el BIOS no es actualizado con regularidad, el usuario puede experimentar problemas a la hora de añadir nuevos componentes o periféricos al sistema. Problemas muy comunes de este tipo se evidencian en la incapacidad del sistema para reconocer el tamaño  total o la velocidad máxima de un nuevo disco duro, por ejemplo. La solución a inconvenientes de este tipo consiste en la actualización del código presente en el BIOS del sistema. [10] La mayoría de las computadoras actuales disponen de lo que se ha dado en llamar Flash BIOS, lo cual es un chip especial de BIOS que puede actualizarse sin siquiera abrir el chasis de la computadora, a este proceso se le denomina "refrescar el BIOS" lo que en Inglés llamarían "flashing the system BIOS."

La actualización del BIOS se encuentra a menudo disponible para ser descargado de forma gratuita desde varios sitios web; ya sea desde el comerciante del sistema, del fabricante de la motherboard o de terceros que disponen de sitios vinculados a los procesos de reparación y actualización de estos sistemas.

Antes de iniciar el proceso de actualización de su BIOS, asegúrese de hacer una copia de toda la información útil presente en su computadora y chequee cuidadosamente la disponibilidad y correcto funcionamiento del software necesario para llevar a cabo el referido procedimiento. Ejecute el programa y siga las instrucciones con exactitud, por lo general se le solicitará que genere un disco u otro soporte externo de inicialización y que corra la aplicación desde ese dispositivo. Después de haber llevado a cabo el "upgrade", upgradeado o actualización de su sistema, tendrá que reiniciar el mismo y así podrá comprobar como nuevo código del BIOS ha quedado instalado y ya hace posible la utilización de nuevo hardware, este proceder también se puede utilizar para corregir errores o bugs de sistema presentes en el código original colocado en la motherboard.

- **Conflictos provocados por los drivers de la motherboard**: Cuando un ordenador es formateado y se instala un sistema operativo, el primer paquete o conjunto de softwares o programas que se deben instalar son los controladores de dispositivo, también denominados  "drivers". [11] Estos pequeños softwares son los que hacen posible que otros programas, que funcionan a más alto nivel en el sistema operativo, interactúen de manera rápida, precisa y eficaz con el hardware presente en el ordenador, extrayendo el máximo posible del rendimiento que estos componentes tienen para ofrecer y haciéndolos funcionar de manera estable.

Para lograr que nuestro sistema alcance un desempeño óptimo, es muy importante que, nada más acabe la instalación de Windows, instalemos los controladores de dispositivos hardware, y es igualmente importante hacerlo en un orden correcto, para evitar posibles problemas de funcionamiento futuro. A continuación, se siguen los lineamientos de un experto en estos temas [11] para aconsejar una secuencia lógica de instalación de varios de estos importantes programas y se aprovechará para declarar la importancia y utilidad que tienen estos.

Secuencia lógica de instalación de drivers: [11]

- El chipset *de las placas base es el conjunto de circuitos integrados que los fabricantes incorporan a la motherboard para realizar las principales funciones de comunicación entre el microprocesador y los diferentes dispositivos del ordenador, como pueden ser la memoria RAM, el puerto de la tarjeta gráfica, la controladora de discos, los puertos USB, las ranuras PCI..." "Podemos ver la tremenda importancia del chipset, por eso el primer driver que debemos instalar en el sistema siempre será el del chipset."*

- Driver VGA: La tarjeta gráfica es posiblemente el dispositivo más importante del ordenador, ya sea que lo usemos para ejecutar juegos de video o para realizar labores de trabajo que exijan de una señal de video clara y de alta resolución. Una resolución de pantalla sobre lo alta permite hacer un uso más adecuado del espacio disponible en nuestra display o monitor, así como tener a nuestro alcance un número mayor de objetos y controles. En la mayoría de los casos, lo más recomendable es localizar el driver más actualizado disponible en la web del fabricante y no emplear drivers genéricos, puesto que los mismos no toman en consideración las particularidades de la arquitectura inherente al hardware específico que se encuentra instalado en el sistema, esto ocasiona que se desaprovechen las verdaderas potencialidades del equipo o componente. Si el CD de instalación es muy antiguo, se recomienda acudir a Internet en busca de un driver más actualizado.

- Driver de Sonido: Los drivers de sonido son programas especializados que facilitan la comunicación entre una aplicación y el hardware de audio. El sistema operativo alberga a los drivers de sonido, y actúa como una compuerta entre una aplicación y el hardware de audio. Ha de tenerse en cuenta que la mayoría de las motherboards actuales incorporan sus propias funciones de audio, por lo que no es estrictamente necesario instalar una tarjeta de expansión con tales fines. Indispensable resulta, no obstante, disponer de los drivers de sonido especializados, provistos por el fabricante del hardware y lo más actualizados posible. Sin los drivers de sonido, el hardware o bien no funcionará en absoluto o bien funcionará con capacidades limitadas. [12]

- Driver del Modem: Este es el controlador que hace posible la comunicación entre los gestores de correo electrónico, navegadores y otros programas y el equipo o dispositivo que convierte las señales digitales en analógicas (modulación) y viceversa (demodulación) denominado Modem, este tráfico hace posible la comunicación entre computadoras a través de la línea telefónica o por medio de un cable especial dedicado para la comunicación entre el modem y una central digital, entre otras posibles variantes. [13] Existen módems, especialmente los conocidos "winmodems" que sólo funcionarán correctamente con los controladores de la tarjeta de sonido previamente instalados. [11]

- Driver de Red LAN: Hace posible que el Sistema Operativo reconozca las funciones de red incorporadas al sistema, ya sean onboard o a través de la presencia de una tarjeta de red insertada en la motherboard por medio de uno de sus puertos.

¿Por qué es importante actualizar los drivers? [12]

Los drivers ayudan a los ordenadores a identificar y ejecutar el hardware que hay instalado. Un sistema que dispone de drivers muy antiguos o que adolece de la ausencia de algunos de estos programas, está expuesto a sufrir serios problemas en su estabilidad y rendimiento. Los drivers desactualizados dañan el rendimiento del sistema y hacen que el ordenador se vuelva vulnerable a errores y fallos de sistema. Estos defectos suelen ralentizar las aplicaciones, provocar pantallas azules, mensajes de error, fallos de funcionamiento del hardware y caídas del sistema.

Para mantener al ordenador funcionando a su máximo rendimiento es necesario practicar un mantenimiento regular. Los drivers cambian constantemente al ser actualizados por el fabricante. Por ello es necesario actualizarlos con la versión más reciente.

CONCLUSIONES:

La motherboard es un componente altamente integrado que incorpora sobre sí mismo a un amplio conjunto de otras piezas y elementos. Cada componente o periférico empleado por una computadora personal cualquiera, incluyendo al CPU y al mouse o ratón, está conectado de una u otra forma a la motherboard. Como resultado de este hecho, muchos de los problemas que tienen lugar en áreas diversas de la arquitectura interna de la Computadora Personal, pueden deberse a disfunciones de la propia tarjeta central o de sus componentes. Tornase entonces muy difícil deslindar dónde se encuentra el problema, es decir; aislar el componente responsable de la inestabilidad de todo un sistema automatizado, de sus bloqueos constantes o de su pérdida de rendimiento. Ha de descartarse, entre muchos otros aspectos, los conflictos provocados por determinados valores corruptos contenidos en el BIOS, así como incompatibilidades y mal funciones de hardware, generados por tarjetas de expansión, de memoria, entre otra pléyade de circunstancias similares. El fallo de una motherboard en un sistema que se han mantenido funcionando establemente por un tiempo prolongado, es un evento raro y poco usual. El diagnóstico de una motherboard es, a su vez, un proceso lento y minucioso que puede consumir mucho tiempo y esfuerzo.

CONCLUSIONS:

The motherboard is a highly integrated component that incorporates on itself a broad set of other parts and elements. Each component or peripheral used by any personal computer, including the CPU and mouse, is connected in one way or another to the motherboard. As a result of this fact, many of the problems that take place in different areas of the internal architecture of the Personal Computer may be due to malfunctions of the central card itself or its components. Then it becomes very difficult to determine where the problem lies, that is; isolate the component responsible for the instability of an entire automated system, its constant blockages or its loss of performance. We must discard, among many other aspects, the conflicts caused by certain corrupt values contained in the BIOS, as well as incompatibilities and poor hardware functions, generated by memory expansion cards, among other big amount of similar circumstances. The failure of a motherboard in a system that has been kept stably running for a long time is a rare and unusual event. The diagnosis of a motherboard is, in turn, a slow and thorough process that can consume a lot of time and effort.

REFERENCIAS BIBLIOGRÁFICAS:

1.- ¿Qué es una CPU? [Internet]. Techlandia. [citado 15 de marzo de 2018]. Disponible en: https://techlandia.com/cpu-sobre_110194/

2.- ALEGSA. Diccionario de Informática y Tecnología. ¿Qué significa motherboard? - Información sobre motherboard [Internet]. ALEGSA - Santa Fe, Argentina. 2015 [citado 1 de febrero de 2018]. Disponible en: http://www.alegsa.com.ar/Dic/motherboard.php

3.- ALEGSA. Notas. ¿Qué es la BIOS? [Internet]. ALEGSA - Santa Fe, Argentina. 2004 [citado 10 de febrero de 2018]. Disponible en: http://www.alegsa.com.ar/Notas/4.php

4. Electronicum. Cambiar y actualizar BIOS [Internet]. Electrónicum. Únicos en electrónica de portátiles. 2013 [citado 15 de marzo de 2018]. Disponible en: http://www.electronicum.es/cambiar-y-actualizar-bios/

5.- Compumach Uruguay. Principales fallas en la placa madre de tu PC [Internet]. Compumach Uruguay. 2014 [citado 15 de marzo de 2018]. Disponible en: https://www.compumach.uy/principales-fallas-en-la-placa-madre-de-tu-pc/

6.- BandaAncha.EU. Mi ordenador se «congela» [Internet]. BandaAncha.EU. [citado 15 de marzo de 2018]. Disponible en: https://bandaancha.eu/foros/mi-ordenador-congela-1061601

7.- Flores J. El fin del calentamiento de los ordenadores [Internet]. Muy interesante. [citado 2 de marzo de 2018]. Disponible en: https://www.muyinteresante.es/innovacion/articulo/el-fin-del-calentamiento-de-los-ordenadores

8.- Asistencia técnica. Intel. Batería CMOS en Desktop Boards Intel® [Internet]. Intel Corporation. 2017 [citado 16 de marzo de 2018]. Disponible en:

https://www.intel.com/content/www/xl/es/support/articles/000006488/boards-and-kits/desktop-boards.html

9.- Techlandia. La conexión y diferencia entre BIOS y CMOS [Internet]. techlandia.com. [citado 2 de marzo de 2018]. Disponible en: https://techlandia.com/conexion-diferencia-bios-cmos-info_257040/

10.- Marker G. Por qué actualizar la BIOS? [Internet]. Informática-Hoy.com.ar. [citado 2 de marzo de 2018]. Disponible en: https://www.informatica-hoy.com.ar/hardware-pc-desktop/Por-que-actualizar-la-BIOS.php

11.- Santos N. El orden correcto de instalación de los drivers (controladores) en Windows [Internet]. Dirana. Tecnología para todos. 2008 [citado 2 de marzo de 2018]. Disponible en: http://dirana.com/el-orden-correcto-de-instalacion-de-los-drivers-controladores-en-windows/

12.- DriverTurbo. Restaure el Sonido en 2 Minutos - Experimente Audio con Sonido Claro y Nítido [Internet]. DriverTurbo. Soluciona tus problemas de drivers. [citado 16 de marzo de 2018]. Disponible en: http://www.driverturbo.com/es/drivers-sonido.php

13.- Módem. En: Wikipedia, la enciclopedia libre [Internet]. 2018 [citado 16 de marzo de 2018]. Disponible en: https://es.wikipedia.org/w/index.php?title=M%C3%B3dem&oldid=105909561

Nota del autor: Las Imágenes que encontrará en este ensayo académico disponen de licencia Creative Commons 0 (CC0) y han sido obtenidas en http://Pixabay.com. Las referencias bibliográficas presentes en esta obra se encuentran acotadas según Normas Vancouver.

Author's note: The images that you will find in this academic essay have Creative Commons license 0 (CC0) and have been obtained in http://Pixabay.com. The bibliographical references present in this work are limited according to Vancouver Norms.